Ad Arianna e Maria Teresa
mie ispiratrici
mie sostenitrici
mie consolatrici

Codice ISBN : 9798386870881

Casa editrice : Indipendently publisshed

Claudio Placanica

L'incredibile grafica dell'Intelligenza Artificiale

Uno stupendo Carnevale con l'I. A.

PREFACE

Dearar reader

if You ave chosen this book You are certainly a lover of beauty and You are also interested in new technologies that anticipate the future then, with pleasure, we present You a book that show the new and revolutionary chapter in the history of digital graphics.

This book was created with use of Artificial Intelligenze, the new tecnology that has made it possibile to create surprising images, rich in colors and shapes never seen before.

Each page will take You on a unique and fascinating visual journey, where beauty and creativity have been generetated by the interaction design data and between very sophisticated algorithms provided by the author.

This book is the pratical demonstration of the power of A. I. as a new artistic creation tool, offering new opportunities to explore, experiment and do amazing things in the world of new digital graphics.

We are thrilled to share these wonderful creations with You and ope You enjoy them as much as they enthused us in making them.

Enjoy reasing !

PREFAZIONE

Caro lettore

Se hai scelto questo libro sei sicuramente amante del bello e sei anche
interessato alle nuove tecnologie che anticipano il futuro, allora, con
piacere, ti presentiamo un libro che ti mostra il nuovo e rivoluzionaro
capitolo delle storia della grafica digitale.

Questo libro è stato realizzato con l'impiego dell'Intelligenza Digitale,
la nuova tecnologia che ha permesso di creare immagini sorprendenti,
ricche di colori e forme mai viste prima.

Ogni pagina ti porterà in un viaggio visivo unico e affascinante, dove
la bellezza e la creatività sono state generate dall'interazione tra dati
progettuali ed algoritmi molto sofisticati forniti dall'autore.

Questo libro è la dimostrazione pratica della potenza dell'Intelligenza
Artificiale come strumento di creazione artistica che offre nuove nuove
opportunità per esplorare, sperimentare e realizzare cose stupefacenti
nel mondo della nuova grafica.

Siamo entusiasti di condividere con te queste meravigliose creazioni
e speriamo che ti entusiasmino tanto quanto hanno entusiasmato noi
nel realizzarle.

Buona visione !

Arlecchino in Venice

NASCITA ED EVOLUZIONE DELLE MASCHERE DI CARNEVALE

le maschere di Carnevale italiane hanno una lunga ed affascinante storia che risale all'antichità. Durante il periodo dell'Impero Romano il Carnevale era una festa pagana che celebrava la Primavere ed il rinnovo della vita. Era un momento di baldoria e di allegria, in cui i Romani indossavano maschere per partecipare ai vari festeggiamenti tradizionali con feste e balli.

Con l'avvento del Cristianesimo, il Carnevale divenne in'occasione per celebrare l'avvento del Martedì Grasso, che precedeva l'inizio della Quaresima.Durante questo periodo le maschere erano spesso ispirate a personaggi mitologici, storici e religiosi in base anche alle diverse classi sociali.
Nel Rinascimento, le maschere di Carnevale raggiunsero, in Italia,la massima espressione creativa.
La Corte dei Medici a Firenze organizzava spesso grandi feste con balli mascherati,nelle quali i nobili indossavano maschere ispirate sempre a personaggi mitologici, storici o letterari. In questo periodo le maschere divennero sempre più elaborate e sofisticate; si svilupparono poi anche molte varianti nelle tradizioni regionali per le creazioni di nuove maschere.

Ad esempio a Venezia la famosa maschera del "Bauta", che si copre il viso con un grande cappuccio e con la bocca molto dipinta. Questa maschera era usata in particolare dai nobili per celare la loro identità e per non essere riconosciuti durante i vari festeggiamenti.
A Napoli, invece, è tradizione secolare indossare la maschera di Pulcinella, buffone della Commedia dell'Arte, che rappresenta un personaggio popolare, giocoso e scombinato. Questa maschera è ancora molto popolare ancora oggi, in particolare durante il periodo di Carnevale.

In nogni regione le maschere di Carnevale rappresentano un'importante tradizione culturalre che viene tramandata di generazione in generazione. Infatti ancora oggi sono molto popolari e continuano ad essere un simbolo di celebrazione in grande allegria.

Pulcinella in Naples

BABYS

11

17

18

ITALY

25

BRAZIL

41

43

44

JAPAN

SKULLS

54

56

Carnival Floats

RIO

74

FANTASY

Carnival Dances

82

Confetti
&
Streamers

Longhe Live the Carnival

Questo è il mio Avatar, molto meglio dell'originale grazie alla grafica con l'Intelligenza Artificiale

Caro lettore

Ti ringrazio per aver scelto questo mio libro, spero ti sia piaciuto e che, anche tu, come tantissi altri lettori, abbia apprezzato le stupende potenzialità della nuova Intelligenza Artificiale.

E visto l'interesse riscontrato per questa mia prima opera, ho pensato di realizzarne una seconda molto più completa e dettagliata.

Perciò mi auguro di risentirci presto.

Un caro saluto

Arch. Claudio Placanica
arkitettoniko@gmail.com

INDICE

Printed by Amazon Italia Logistica S.r.l.
Torrazza Piemonte (TO), Italy

60517646R00054